BEI GRIN MACHT SICH IHR WISSEN BEZAHLT

AF167072

- Wir veröffentlichen Ihre Hausarbeit,
  Bachelor- und Masterarbeit

- Ihr eigenes eBook und Buch -
  weltweit in allen wichtigen Shops

- Verdienen Sie an jedem Verkauf

Jetzt bei www.GRIN.com hochladen
und kostenlos publizieren

Bibliografische Information der Deutschen Nationalbibliothek:

Die Deutsche Bibliothek verzeichnet diese Publikation in der Deutschen National-
bibliografie; detaillierte bibliografische Daten sind im Internet über http://dnb.d-
nb.de/ abrufbar.

Impressum:

Copyright © 2018 GRIN Verlag
Druck und Bindung: Books on Demand GmbH, Norderstedt Germany
ISBN: 9783346048271

Dieses Buch bei GRIN:

https://www.grin.com/document/502392

Anonym

"Das Urteil von Nürnberg". Analyse der filmischen Darstellung der Nürnberger Prozesse

GRIN Verlag

SEMINARARBEIT

Rahmenthema des Wissenschaftspropädeutischen Seminars:

Geschichte im Film

Leitfach: Geschichte

Thema der Arbeit:

Die filmische Darstellung der Nürnberger Prozesse am Beispiel „Das Urteil von Nürnberg"

Abgabetermin: 06.November 2018

Inhaltsverzeichnis:

0. Einleitung

Fast 70 Jahre nach ihrem Ende sind die Nürnberger Prozesse immer noch hochaktuell. So sprach beispielsweise Außenminister Heiko Maas im vergangenen Oktober von den Nürnberger Prozessen als „Triumph der Zivilisation über die Unmenschlichkeit".[1] Anlass dazu war die Konferenz „Nuremberg Forum 2018", welche aufgrund des 20-jährigen Jubiläums des Römischen Statuts[2] abgehalten worden war.[3] Diese Konferenz zeigt, die Nürnberger Prozesse waren „nicht nur ein Meilenstein der Aufarbeitung deutscher NS-Vergangenheit, sondern präg[en] das Völkerstrafrecht bis heute."[4]

Umso wichtiger ist es, filmische Darstellungen der Prozesse auf ihre historische Korrektheit zu überprüfen. Denn nur dadurch wird deutlich, ob deren Rezipienten ein falsches Bild der Begebenheiten erlangen.

Im Zuge dieser Analyse soll die filmische Darstellung der Nürnberger Prozesse in „Das Urteil von Nürnberg" untersucht werden. Der Film behandelt den Juristenprozess, einen der Nachfolgeprozesse in Nürnberg. Dieser brachte ans Licht, wie aus dem Volk der „Dichter und Denker"[5] das Volk der „Richter und Henker"[6] geworden war.[7]

Eine Analyse des Films ist aus mehreren Gründen relevant. Zum einen könnte der Regisseur als amerikanischer Jude[8] eine sehr subjektive Perspektive auf die Geschehnisse im Dritten Reich gehabt haben. Zum anderen stammt der Film aus dem Jahr 1961,[9] was die Frage aufwirft, ob die zeitnahe Verfilmung überhaupt eine objektive Betrachtung der Ereignisse zugelassen hat. Auch das Genre des Hollywood-Courtroom-Dramas könnte dazu geführt haben, dass „Das Urteil von Nürnberg" historisch unkorrekte Klischees enthält.

---

[1] Auswaertiges Amt, am 21.10.2018. Auf: https://www.instagram.com/p/BpM1eS-Boee/?taken-by=auswaertigesamt (abgerufen am 22.10.2018).

[2] Durch das Römische Statut konstituierte sich 1998 der Internationale Strafgerichtshof (IStGH) in Den Haag. Vgl. Auswaertiges Amt. Auf: https://www.instagram.com/p/BpM1eS-Boee/?taken-by=auswaertigesamt.

[3] Vgl. ebd.

[4] Wiederschein, Harald: Alliierte richten über Nazi-Verbrecher. 139 Zeugen und 12 Todesurteile: Die Nürnberger Prozesse waren beispiellos. Auf: https://www.focus.de/wissen/mensch/geschichte/nationalsozialismus/alliierte-richten-ueber-nazi-verbrecher-nuernberger-prozesse-so-richteten-die-alliierten-ueber-die-nazi-verbrecher_id_5094554.html (abgerufen am 05.09.2018).

[5] Peschel-Gutzeit, Lore Maria: Das Nürnberger Juristen-Urteil von 1947. Historischer Zusammenhang und aktuelle Bezüge. Baden-Baden 1996, S.20.

[6] Ebd.

[7] Vgl. ebd., S.20.

[8] Vgl. Francisco Muñoz Conde und Marta Muñoz Aunión: „Das Urteil von Nürnberg". Juristischer und filmwissenschaftlicher Kommentar zum Film von Stanley Kramer (1961). Juristische Zeitgeschichte; Abteilung 6, Recht in der Kunst – Kunst im Recht, Band 21. Berlin 2006, S. S.36.

[9] Vgl. ebd., S.XV.

Um zu überprüfen, wie akkurat der Film die tatsächlichen Ereignisse darstellt, werden jeweils zwei Anklagepunkte und Angeklagte aus dem Film mit der Realität verglichen, sowie die Perspektive des Regisseurs und die allgemeine Darstellung von Recht im Film untersucht. Auf diese Weise soll herausgearbeitet werden, ob „Das Urteil von Nürnberg" die Nürnberger Prozesse insgesamt historisch korrekt wiedergibt oder ob Fehldarstellungen im Film überwiegen.

1. Historischer Hintergrund

1.1 Die Nürnberger Prozesse

1.1.1 Die Grundlagen der Prozesse

Durch die „Berliner Erklärung" vom 5. Juni 1945 wurde die Staatsgewalt Deutschlands den vier Alliiertenmächten übergeben.[10] In Folge dessen schufen sie auf Grundlage des Londoner Abkommens[11] das Internationale Militär Tribunal (IMT) in Nürnberg,[12] um in den Nürnberger Prozessen die „Kriegsverbrecher" anzuklagen.[13] Nach dem ersten Prozess vor dem IMT, der Prozess gegen die Hauptkriegsverbrecher (1945-1946), kam kein zweites IMT mehr zustande, sodass die restlichen zwölf Nachfolgeprozesse (1946-1949) nur von amerikanischen Richtern abgehalten wurden.[14]

Insgesamt waren in den Nürnberger Prozessen 209 Personen aus verschiedenen Berufsgruppen angeklagt. Davon erhielten 36 die Todesstrafe.[15]

---

[10] Vgl. Peschel-Gutzeit: Das Nürnberger Juristenurteil von 1947, S.9f.

[11] Das Londoner Viermächte-Abkommen vom 8. August 1945 regelte „die Verfolgung und Bestrafung der Hauptkriegsverbrecher der Europäischen Achse" durch die Alliierten. International criminal society: Londoner Viermächte-Abkommen vom 8.August 1945. Auf: http://www.icls.de/dokumente/imt_londoner_abkommen.pdf (abgerufen am 06.09.2018).

[12] Vgl. Landeszentrale für politische Bildung Baden-Württemberg: Die Nürnberger Prozesse. Auf: https://www.lpb-bw.de/nuernberger_prozesse.html (abgerufen am 31.05.2018); So auch: Peschel-Gutzeit: Das Nürnberger Juristenurteil von 1947, S.10.

[13] Vgl. Muñoz Conde: „Das Urteil von Nürnberg", S.1.

[14] Das heißt die Nachfolgeprozesse galten fälschlicherweise als international, obwohl unter dem alliierten Besatzungsgericht nur amerikanische Richter waren. Vgl. Wassermann, Rudolf: Fall 3. Der Nürnberger Juristenprozess, in Blasius, Rainer A. und Ueberschär, Gerd R.: Der Nationalsozialismus vor Gericht. Die alliierten Prozesse gegen Kriegsverbrecher und Soldaten. Frankfurt am Main 2000, S.101.

[15] Vgl. Nürnberger Prozesse. Auf: https://www.lpb-bw.de/nuernberger_prozesse.html.

1.1.2 Die Bedeutung der Prozesse

Einerseits sind die Nürnberger Prozesse von großer Wichtigkeit, da sie im Bestrafungsprogramm der Alliierten[16] Konsequenzen für die Gewalt- und Kriegsverbrechen des nationalsozialistischen Systems und seiner Anführer darstellten.[17] Andererseits machten sie zum ersten Mal in der Geschichte von internationalem Strafrecht Gebrauch.[18] Auf diese Weise bildeten die Prozesse die Basis für den 1998 entstandenen Internationalen Strafgerichtshof in Den Haag und waren somit auch in juristischer Hinsicht wegweisend.[19] Henrike Claussen, die Leiterin der Informations- und Dokumentationsstätte „Memorium Nürnberger Prozesse", fasst die Bedeutung der Nürnberger Prozesse so zusammen: „Nürnberg war [...] zugleich Ende und Anfang. [...] Ein wichtiger Teil der Aufarbeitung der NS-Zeit, aber auch ein Weg in die Zukunft des Völkerstrafrechts – und ist damit immer noch hochaktuell."[20]

Die Strafzumessung in Nürnberg stellte sich als äußerst schwierig dar. „Wir dürfen niemals vergessen, dass nach dem gleichen Maß, mit dem wir die Angeklagten heute messen, auch wir morgen von der Geschichte gemessen werden.",[21] ermahnte der amerikanische Chefankläger Robert H. Jackson schon in seiner Eröffnungsrede, doch die Nürnberger Prozesse stießen bei den Deutschen von Anfang an auf Unverständnis.[22] Schließlich riefen die Gerichtsverfahren gegen die Naziverbrecher auch juristische Einwände hervor, so wurde beispielsweise kritisiert, „was vor 1945 Recht war konnte ja nun nicht einfach Unrecht sein".[23] Damit wurde die Verletzung des Rückwirkungsverbots angesprochen, denn der juristische Grundsatz „nulla crimen sine lege, nulla poena sine lege" (Kein Verbrechen ohne Gesetz, keine Strafe ohne Gesetz) besagt, dass Handlungen, die zum Zeitpunkt ihrer Begehung nicht rechtswidrig sind, auch nicht bestraft werden können.[24] Die Verletzung dieses juristischen Grundsatzes stellte sowohl

---

[16] Vgl. Nürnberger Prozesse. Auf: https://www.lpb-bw.de/nuernberger_prozesse.html.
[17] Vgl. Kreuter, Jens: Staatskriminalität und die Grenzen des Strafrechts. Reaktionen auf Verbrechen aus Gehorsam aus rechtsethischer Sicht. Öffentliche Theologie (=Band 9). Gütersloh 1997, S.255.
[18] Vgl. ebd., S.214.
[19] Vgl. Nürnberger Prozesse. Auf: https://www.lpb-bw.de/nuernberger_prozesse.html. So auch: Wassermann: Fall 3. Der Nürnberger Juristenprozess, S.108.
[20] Wiederschein: Alliierte richten über Nazi-Verbrecher. Auf: https://www.focus.de/wissen/mensch/geschichte/nationalsozialismus/alliierte-richten-ueber-nazi-verbrecher-nuernberger-prozesse-so-richteten-die-alliierten-ueber-die-nazi-verbrecher_id_5094554.html.
[21] Ebd.
[22] Vgl. Muñoz Conde: „Das Urteil von Nürnberg", S.2.
[23] Peschel-Gutzeit: Das Nürnberger Juristenurteil von 1947, S.24; So auch: Wassermann: Fall 3. Der Nürnberger Juristenprozess, S.102.
[24] Vgl. Peschel-Gutzeit: Das Nürnberger Juristenurteil von 1947, S.11; So auch: Nürnberger Prozesse. Auf: https://www.lpb-bw.de/nuernberger_prozesse.html.

die Rechtsstaatlichkeit Amerikas als auch die der Nürnberger Prozesse in Frage[25] und führte schließlich dazu, dass den Amerikanern der Vorwurf der Siegerjustiz[26] gemacht wurde.[27]

Sowohl also ihre strafrechtlichen Errungenschaften als auch ihre Kritikpunkte machten die Nürnberger Prozesse zu einem prägenden Ereignis in der Geschichte.

1.2 Der Juristenprozess

1.2.1 Die Grundlagen des Prozesses

„Der Dolch des Mörders war unter der Robe des Juristen verborgen.",[28] hieß es bei der Urteilsverkündung im Juristenprozess. Die Hauptverhandlungen im Fall 3 der Nachfolgeprozesse fanden vom 17. Februar bis zum 13. Oktober 1947 statt.[29] 16[30] führende Richter, Staatsanwälte und Mitarbeiter der Justizverwaltung im Dritten Reich waren angeklagt.[31] Sie alle erklärten sich für nicht schuldig.[32]

Bei der Urteilsverkündung am 3./4. Dezember 1947 wurden allerdings nur vier der Angeklagten freigesprochen. Die zwölf anderen erhielten eine fünfjährige bis lebenslängliche Haftstrafe.[33]

---

[25] Vgl. Kreuter: Staatskriminalität und die Grenzen des Strafrechts, S.250.
[26] „Der Begriff der Siegerjustiz beschreibt die nach dem Krieg durch die Siegermacht vollzogene Gerichtsbarkeit und Rechtsprechung, die möglicherweise von den Besiegten als benachteiligend empfunden wird." Nürnberger Prozesse. Auf: https://www.lpb-bw.de/nuernberger_prozesse.html.
[27] Vgl. Peschel-Gutzeit: Das Nürnberger Juristenurteil von 1947, S.18.
[28] Schott, Susanne: Curt Rothenberger – eine politische Biographie. Halle 2001, S.170. Auf: http://sundoc.bibliothek.uni-halle.de/diss-online/01/01H124/prom.pdf. (abgerufen am 31.05.2018).
[29] Vgl. Prof. Dr. Kastner, Klaus: „Der Dolch des Mörders war unter der Robe des Juristen verborgen.". Der Nürnberger Juristen-Prozess 1947. Neuwied 1997, S.2. Auf: https://www.justiz.bayern.de/media/images/behoerden-und-gerichte/oberlandesgerichte/NuernbergerProzess/kastner_dolch_des_mörders.pdf. (abgerufen am 24.05.2018).
[30] Diese Verurteilten machten allerdings nur einen Bruchteil aller potentiellen Angeklagten aus. Viele hohe Amtsträger waren zu Beginn der Prozesse bereits tot, waren schon in anderen Prozessen verurteilt worden (Vgl. Peschel-Gutzeit: Das Nürnberger Juristenurteil von 1947, S.7) oder wurden bewusst verschont und statt angeklagt zu werden nur einem Entnazifizierungsverfahren unterzogen, um daraufhin wieder in ihre Ämter eingesetzt zu werden. Vgl. Muñoz Conde: „Das Urteil von Nürnberg", S.8f.
[31] Vgl. Peschel-Gutzeit: Das Nürnberger Juristenurteil von 1947, S.9.
[32] Vgl. Muñoz Conde: „Das Urteil von Nürnberg", S.21.
[33] Vgl. Peschel-Gutzeit: Das Nürnberger Juristenurteil von 1947, S.9.

4

1.2.2 Die Bedeutung des Prozesses

Der Juristenprozess ist von großer Bedeutung, da er die gesetzlich legitimierte Herrschaft des Dritten Reichs bloßstellte und aufklärte, wie es dazu kam, dass viele Richter freiwillig zu „Erfüllungsgehilfen"[34] des Nazi-Regimes wurden. Er zeigte, dass die Juristen die nationalsozialistische Weltanschauung zum Ideal ihrer Tätigkeit gemacht hatten, trotzt vermeintlicher Beachtung der Gesetze die Gerechtigkeit missachtet hatten[35] und somit „das Justizsystem in ein verlässliches Instrument des Nazi-Regimes verwandelt[en] [hatten]".[36] Der Juristenprozess offenbarte dadurch den amerikanischen Richtern und der restlichen Welt, „wie ein ‚Volk der Dichter und Denker' den Kreis der zivilisierten Nationen verlassen hatte und binnen kurzer Zeit zu einem ‚Volk der Richter und Henker' geworden war."[37]

2. Filmische Einflussfaktoren

Der Film „Das Urteil von Nürnberg" erzählt die Geschichte des amerikanischen Richters Haywood, welcher im Zuge der Nürnberger Prozesse vier nationalsozialistische Juristen für ihre Verbrechen verurteilen soll. Emotionale Szenen im Gerichtssaal lassen das Geschehen wieder aufleben und verleihen Haywood einen Eindruck über das Ausmaß der nationalsozialistischen Gräueltaten. Dadurch gerät er unter Druck, denn er muss mit dem Urteil, das er fällt, nicht nur seine Vorgesetzten zufrieden stellen, er muss es auch mit seinem Gewissen vereinbaren können.[38]

2.1 Die Perspektive des Regisseurs

Will man den Film „Das Urteil von Nürnberg" kritisch betrachten, so muss man sich auch mit seinem Regisseur Stanley Kramer befassen.

Kaum 10 Jahre nach Ende der Nürnberger Prozesse, 1959, begann die Arbeit an „Das Urteil von Nürnberg" und schon 1961 wurde der Film veröffentlicht.[39] Somit hatten weder die Darsteller noch der Regisseur viel Zeit, um Abstand von den Ereignissen des zweiten Weltkriegs und Folgen wie den Nürnberger Prozessen zu gewinnen. Dennoch

Abb. 2 – Stanley Kramer

---

[34] Schott: Curt Rothenberger – eine politische Biographie, S.170.
[35] Vgl. Schott: Curt Rothenberger – eine politische Biographie, S.160 – S.171.
[36] Ebd., S.162.
[37] Vgl. Peschel-Gutzeit: Das Nürnberger Juristenurteil von 1947, S.20.
[38] Vgl. Das Urteil von Nürnberg. Film.
[39] Vgl. Muñoz Conde: „Das Urteil von Nürnberg", S.56.

wagte sich Kramer an die Thematik heran, „weil diese Prozesse Dinge ans Tageslicht brachten, von denen [er] glaubte, dass die Welt sie nicht verstanden hatte."[40]

Trotz dieser Einstellung hätte Kramers filmische Darstellung der noch allzu präsenten Ereignisse allerdings aufgrund von amerikanischem Patriotismus oder durch seinen jüdischen Glauben negativ beeinflusst werden können.[41]

Dies ist in „Das Urteil von Nürnberg" jedoch nicht der Fall, denn Kramer nahm trotz seiner Nationalität und seiner Konfession eine objektive Perspektive ein.

Er bemühte sich ein menschliches Bild der Beteiligten des Prozesses abzugeben, sowohl auf Seiten der Amerikaner als auch auf der der Deutschen.[42] So verzichtete Kramer beispielsweise auf die übliche amerikanische Weltsicht, in der die Amerikaner die schuldlosen Helden und die Nazis der Inbegriff des Bösen sind. Dies zeigt sich zum Beispiel beim Vergleich des Konzentrationslagers Auschwitz mit dem Abwurf der Atombombe in Nagasaki,[43] wodurch Kramer sich von der „offizielle[n] Version der Geschichte über Gut und Böse im 2.Weltkrieg"[44] abwandte und sogar die Position der Alliierten während der Prozesse in Frage stellte.[45]

„Dass er selbst Jude war scheint […] sein […] Interesse für den Holocaust zu erklären."[46] Insgesamt ließ sich der Regisseur Stanley Kramer aber bei seinem Film weder durch Patriotismus noch durch seine Konfession dazu verleiten, den Film von Emotionen lenken zu lassen oder die sonst so übliche Schwarzweißmalerei zu verwenden.

2.2 Die Darstellung von Recht im Film

Unser Bild von Gerichtsverhandlungen ist durch US-amerikanische Filme geprägt.[47] „Die klassische Ära der Heroisierung des Rechts und der Juristen dauerte in Hollywood etwa von der Mitte der 30er Jahre bis Mitte der 60er Jahre."[48] In diese Ära fällt auch „Das Urteil von Nürnberg", somit ist zu überprüfen, ob sich der Film der typischen Klischees des Hollywood-Courtroom-Dramas bedient hat und dadurch die Ereignisse historisch unkorrekt abbildet.

---

[40] Vgl. Muñoz Conde: „Das Urteil von Nürnberg", S.58.
[41] Vgl. ebd., S.36.
[42] Vgl. ebd., S.58.
[43] Vgl. ebd., S.73 – S.85.
[44] Ebd., S.73.
[45] Vgl. ebd., S.85.
[46] Ebd., S.52.
[47] Vgl. Machura, Stefan und Ulbrich, Stefan: „Recht im Film", S.2. Auf: https://www.rechtssoziologie.info/literatur/texte/recht_im_film.pdf/view. (abgerufen am 06.09.2018).
[48] Recht im Film. Auf: https://www.rechtssoziologie.info/literatur/texte/recht_im_film.pdf/view. S.5.

Ein wesentliches Merkmal des klassischen Hollywood-Courtroom-Dramas ist die Gegenüberstellung von Anklage und Verteidigung als Protagonist und Antagonist.[49] Dies hat zur Folge, dass der Zuschauer für eine Seite Partei ergreift und deshalb die fortschreitende Handlung nicht mehr objektiv betrachten kann. Zwar stehen sich auch in „Das Urteil von Nürnberg" Staatsanwalt Lawson und Verteidiger Rolfe feindselig gegenüber, nichtsdestotrotz überlässt Kramer aber dem Zuschauer die Wahl, auf wessen Seite er sich stellt, indem er versucht ein ausgeglichenes Bild der beiden Parteien zu liefern.[50]

Darüber hinaus weist das Hollywood-Courtroom-Drama oft große Ähnlichkeit zu Detektivfilmen auf, wenn Anwälte bis zur letzten Minute Ermittlungen durchführen und somit selbst als Detektiv fungieren, denn auf diese Weise wirkt der ganze Film dramatischer. So auch beispielsweise in „Das Urteil von Nürnberg", als Staatsanwalt Lawson noch während der Gerichtsverhandlungen eigenständige Ermittlungen durchführt und dafür sogar nach Berlin reist. Dabei wird zwar die Spannung des Films gesteigert, Aufzeichnungen, dass dieses Ereignis stattgefunden hat, gibt es allerdings nicht.

Sogar der Richter in „Das Urteil von Nürnberg", Haywood, entspricht den Erwartungen Hollywoods, denn er setzt sich gegen seine Widersacher durch, indem er stark für seine Meinung eintritt. Zudem vermittelt er ein vertrauenswürdiges Bild und gibt dem Zuschauer so die Möglichkeit sich mit ihm zu identifizieren.[51] Dies hat als negative Konsequenz, dass das Publikum auch seine Perspektive annimmt, allerdings ist Richter Haywood von Anfang an unschlüssig über die Angeklagten und lässt infolgedessen bis zum Schluss nicht erkennen wie sein Urteil ausfallen wird. Deswegen ermöglicht „Das Urteil von Nürnberg" dem Zuschauer die Ereignisse objektiv zu beurteilen, selbst wenn er sich mit Richter Haywood identifiziert.

Insgesamt erfüllt „Das Urteil von Nürnberg" also durchaus einige der Klischees des klassischen Hollywood-Courtroom-Dramas, allerdings nehmen diese keinen nennenswerten Einfluss auf die Objektivität des Filmes.

---

[49] Vgl. Recht im Film. Auf: https://www.rechtssoziologie.info/literatur/texte/recht_im_film.pdf/view. S.4.
[50] Vgl. Muñoz Conde: „Das Urteil von Nürnberg", S.53; Siehe auch: 2.1 Die Perspektive des Regisseurs.
[51] Vgl. Recht im Film. Auf: https://www.rechtssoziologie.info/literatur/texte/recht_im_film.pdf/view. S.3f.

3. Historische Korrektheit

3.1 Die Anklagepunkte

Die Anklagepunkte in Nürnberg richteten sich „nicht gegen den deutschen Staat oder das deutsche Volk, sondern gegen einzelne Personen als verantwortliche Individuen. [...] Das war etwas grundlegend Neues."[52]

Die vier Anklagepunkte im Juristenprozess bildeten die „Verschwörung zur Begehung von Kriegsverbrechen und Verbrechen gegen die Menschlichkeit",[53] das Begehen von Kriegsverbrechen, das Begehen von Verbrechen gegen die Menschlichkeit[54] und die Zugehörigkeit zu verbrecherischen Organisationen.[55]

In „Das Urteil von Nürnberg" werden zwei Fälle beleuchtet, bei denen Verbrechen gegen die Menschlichkeit begangen wurden. Im Folgenden werden diese beiden Fälle mit der Realität verglichen und so auf ihre historische Korrektheit überprüft.

3.1.1 Die Zwangssterilisation

„Die Anklage wegen Verbrechen gegen die Menschlichkeit bezog sich vor allem auf die Gesetze zur Sterilisation."[56]

Am 14. Juli 1933 wurde das „Gesetz zur Verhütung erbkranken Nachwuchses" erlassen, welches fortan die Grundlage für Zwangssterilisationen bildete.[57] Erbkrankheiten im Sinne dieses Gesetzes waren zum Beispiel körperliche und geistige Behinderungen, aber auch psychische Krankheiten wie Depressionen.[58]

„Das Urteil von Nürnberg" behandelt die Zwangsterilisation des fiktiven Charakters Rudolph Petersen. Das „Gesetz zur Verhütung erbkranken Nachwuchses" wurde bei ihm augenscheinlich aufgrund seiner geistigen Retardierung angewendet. Der wahre Grund für seine Sterilisation ging jedoch über medizinische Ursachen hinaus.

---

[52] Wiederschein: Alliierte richten über Nazi-Verbrecher. Auf: https://www.focus.de/wissen/mensch/geschichte/nationalsozialismus/alliierte-richten-ueber-nazi-verbrecher-nuernberger-prozesse-so-richteten-die-alliierten-ueber-die-nazi-verbrecher_id_5094554.html.

[53] Peschel-Gutzeit: Das Nürnberger Juristenurteil von 1947, S.40.

[54] Zu Verbrechen gegen die Menschlichkeit zählen u.a. das Töten eines Menschen, Freiheitsentzug oder die Verfolgung einer bestimmten Bevölkerungsgruppe. Vgl. Lecturio GmbH: Völkerstrafrecht – Die Verbrechen gegen die Menschlichkeit. Auf: https://www.lecturio.de/magazin/verbrechen-gegen-die-menschlichkeit/. (abgerufen am 06.09.2018).

[55] Vgl. Peschel-Gutzeit: Das Nürnberger Juristenurteil von 1947, S.40.

[56] Muñoz Conde: „Das Urteil von Nürnberg", S.12.

[57] Vgl. ebd., S.15.

[58] Vgl. Reichsgesetzblatt. Auf: https://upload.wikimedia.org/wikipedia/commons/b/b9/Reichsgesetzblatt_25_Juli_1933.jpg (abgerufen am 02.09.2018).

Deshalb ist Petersen ein typischer Fall für die Anwendung der Sterilisationsgesetze durch die Erbgesundheitsgerichte. So wurden nicht nur Träger von Erbkrankheiten zwangssterilisiert, sondern auch zum Beispiel soziale Randgruppen wie Prostituierte oder politische Gegner. Zu letzteren zählte auch Petersen, da er sowohl offenes Desinteresse gegenüber Hitler zeigte, als auch Sohn eines Kommunisten war.[59] Der fiktive Fall Petersen, zeigt also akkurat wie die Sterilisationsgesetze zur Entfernung politischer Gegner verwendet wurden und bildet dadurch historisch korrekt ab, dass die Maxime der juristischen Tätigkeiten im Dritten Reich die nationalsozialistische Weltanschauung war. Der Film zeigt somit anhand dieses Beispiels exemplarisch, wie die Erbgesundheitsgerichte gleichzeitig gesetzeskonform handelten und die Gerechtigkeit missachteten. Auf diese Weise liefert „Das Urteil von Nürnberg" eine treffende Darstellung der nationalsozialistischen Vereinnahmung des Justizsystems unter Hitler.[60] Gleichzeitig werden auch die juristischen Einwände behandelt, von denen die Nürnberger Prozesse überschattet wurden. Beispielsweise will der Anwalt der Nazijuristen, Rolfe, beweisen, dass eine Verurteilung seines Mandanten das Rückwirkungsverbot verletzen würde, da die Zwangssterilisation aufgrund der vorliegenden geistigen Retardierung Rudolf Petersens im Rahmen des Gesetzes gewesen sei. Somit wirft er dem Gericht vor den juristischen Grundsatz „nulla crimen sine lege, nulla poena sine lege", zu missachten. Durch Einwände wie diesen wird die Perspektive der Deutschen mit in den Film aufgenommen. Folglich wird dem Zuschauer durch die Sichtweisen beider gegnerischer Parteien eine objektive Beurteilung der Geschehnisse ermöglicht. So wird im Film beispielsweise auch historisch korrekt kritisiert, dass sich die nationalsozialistischen Gesetze bezüglich der Zwangssterilisation mit denen anderer Länder, wie zum Beispiel der USA im Einklang befanden.[61] Der fiktive Fall Petersen bildet also die Grundlagen, welche die Zwangssterilisationen zu einem Verbrechen gegen die Menschlichkeit machten, realitätsnah ab und zeigt gleichzeitig, wie es bei den Nürnberger Prozessen durch juristische Einwände zu Vorwürfen wie dem der Siegerjustiz kommen konnte.

---

[59] Vgl. Muñoz Conde: „Das Urteil von Nürnberg", S.14-17; So auch: Das Urteil von Nürnberg. Film.
[60] Vgl. Schott: Curt Rothenberger – eine politische Biographie, S.160 – S.171.
[61] Vgl. Muñoz Conde: „Das Urteil von Nürnberg", S.16.

3.1.2 Die Rassenschande

Im Gegensatz zum Fall Petersen basiert der Fall Feldenstein konkret auf dem reellen Fall Katzenberger. Er behandelt das Delikt der Rassenschande, welches durch die Nürnberger Rassengesetze seit 1935 Sexualbeziehungen zwischen Juden und Ariern unter Strafe stellte. Am meisten Aufmerksamkeit bekam der Fall des 68-jährigen Juden Leo Katzenberger, dem eine sexuelle Beziehung zu der 19-jährigen Deutschen, Irene Seiler, vorgeworfen wurde.

Der Film gibt die Ereignisse im Fall Katzenberger (im Film Feldenstein) ziemlich realitätsgetreu wieder. Feldenstein, ein engagiertes Mitglied der israelitischen Kultusgemeinde in Nürnberg, wird der Rassenschande beschuldigt, obwohl dem Gericht handfeste Beweise fehlen. Sowohl der Angeklagte als auch seine angebliche Geliebte Irene Hoffmann (in der Realität Irene Seiler) streiten die Vorwürfe einer intimen Beziehung vehement ab. Nichtsdestotrotz erhält Feldenstein die Todesstrafe und Hoffmann eine zweijährige Gefängnisstrafe wegen Meineid.[62]

Um die Geschichte im Fall Feldenstein spannender zu gestalten wurden die Geschehnisse allerdings nur oberflächlich behandelt.

So wird beispielsweise das Urteil des Falls Katzenberger historisch korrekt widergegeben, allerdings wird in „Das Urteil von Nürnberg" nicht klar auf welche Weise das Strafmaß zustande kam. Denn Katzenberger wurde zwar unter Beachtung der Gesetze zum Tode verurteilt, möglich machten das aber nur „eine juristisch mehr als fragwürdige Konstruktion".[63] Etwa wurde ihm nicht nur vorgeworfen den Tatbestand der Rassenschande laut §2 des Gesetzes zum Schutze des deutschen Blutes und der deutschen Ehre erfüllt zu haben,[64] sondern er sollte sich auch der Verbrechen nach §2 und §4 der Verordnung gegen Volksschädlinge[65] schuldig gemacht haben.[66] Nur die Koppelung dieser beiden Tatvorwürfe machte es möglich Katzenberger „legitim" zum Tode zu verurteilen, so wie es auch im Film dargestellt wird.[67]

---

[62] Vgl. Muñoz Conde: „Das Urteil von Nürnberg", S.18f.
[63] Ebd., S.22.
[64] Dieser besagte, dass „außerehelicher Verkehr zwischen Juden und Staatsangehörigen deutschen oder artverwandten Blutes [...] verboten [ist]." (15.09.1935). Auf: http://www.documentArchiv.de/ns/nbgesetze01.html. (abgerufen am 07.09.2018).
[65] Dadurch warf man Katzenberger vor die Schutzmaßnahmen bei Fliegergefahr (§2) und den Kriegszustand (§4) ausgenutzt zu haben. Oberndörfer, Ralf (Hrsg.): HISTOX – Institut für Geschichtsarbeit. Verordnung gegen Volks-schädlinge 5. September 1939. Auf: http://histox.de/wp-content/files/1939-09-05_Verordnung_gegen_Volksschdlinge.pdf. (abgerufen am 07.09.2018).
[66] Vgl. Peschel-Gutzeit: Das Nürnberger Juristenurteil von 1947, S.199.
[67] Vgl. Kastner: „Der Dolch des Mörders war unter der Robe des Juristen verborgen.", S.8.

Durch die oberflächliche Abbildung und Vereinfachung der juristischen Abläufe im Fall Katzenberger wird im Film zwar die Aufmerksamkeit des Zuschauers aufrechterhalten. Allerdings wird dem Zuschauer so auch das Verständnis des Ausmaßes, mit welchem die Nazijuristen die Gerechtigkeit unter vermeintlicher Beachtung der Gesetze missachtet haben, verwehrt.

3.2 Die Angeklagten

Man warf den Angeklagten die „bewusste[n] Teilnahme an einem über das ganze Land verbreitete[n] und von der Regierung organisierte[n] System der Grausamkeit und Ungerechtigkeit"[68] vor und beschuldigte sie, „im Namen des Rechts unter der Autorität des Justizministeriums mit Hilfe der Gerichte"[69] Verbrechen begangen zu haben. 16 Menschen wurden deshalb im Juristenprozess angeklagt. In „Das Urteil von Nürnberg" wurde die Zahl auf vier reduziert. Diese vier Angeklagten im Film sind nicht identisch mit denen in der Realität, sondern teilen nur deren Charakterzüge oder Tathandlungen.[70]

Im Folgenden werden die beiden fiktiven Personen Emil Hahn und Ernst Janning auf ihre Gemeinsamkeiten und Unterschiede zu den wahren Angeklagte im Juristenprozess untersucht.

3.2.1 Emil Hahn

Der fiktive Charakter Emil Hahn orientiert sich teilweise am Richter und Präsident des Sondergerichts Nürnberg Rudolph Oeschey.[71] Durch sein Auftreten und seine Ansichten stellt Hahn einen klischeehaften Nazi dar[72] und gleicht damit ganz seinem Vorbild. Denn Rudolph Oescheys nationalsozialistische Vereinnahmung zeigte sich schon frühzeitig, als er bereits 1931 der NSDAP beitrat. Im Urteil des Juristenprozesses heißt es über ihn, dass er „ein fanatischer Nationalsozialist [war], dem es in erster Linie darum ging, das Recht nach nationalsozialistischer Anschauung auszulegen und anzuwenden."[73] Dies trifft auch auf Hahn zu.

Abb. 5 Emil Hahn in „Das Urteil von Nürnberg" Darüber hinaus hatte Staatsanwalt Hahn eine „aggressive und parteiische Haltung".[74] Auch in diesem Punkt ähnelt er seinem Vorbild,

---

[68] Schott: Curt Rothenberger – eine politische Biographie, S.163.
[69] Ebd.
[70] Vgl. Muñoz Conde: „Das Urteil von Nürnberg", S.6.
[71] Vgl. Peschel-Gutzeit: Das Nürnberger Juristenurteil von 1947, S.210.
[72] Vgl. Das Urteil von Nürnberg. Reg. Stanley Kramer. USA 1961. Film.
[73] Vgl. Peschel-Gutzeit: Das Nürnberger Juristenurteil von 1947, S.210 – S.217.

Abb. 6 Rudolph Oeschey

denn dieser war einer der „beherrschenden Köpfe des Sondergerichts Nürnberg",[75] weshalb er auch den Ruf als „der brutalste [Richter] von ganz Deutschland"[76] bekam. Damit verhielt sich Oeschey allerdings im Gegensatz zu Hahn mehr als nur aggressiv. Oescheys Prozessmethoden wurden im Juristenurteil erbarmungslos genannt und seine Einstellung als sadistisch beschrieben. Viele Menschen wurden von ihm aus rein rassisch-politischen Gründen verurteilt,[77] weshalb Oeschey als „berüchtigte[r] Polenhasser"[78] galt.

Auch Hahn teilte diese rassistische Einstellung. So hetzt er im Film wiederholt gegen die Bolschewisten und ist überzeugt, „es geht darum, wer überlebt. Ost oder West."[79]

Insgesamt hatten Oeschey und Hahn also zwar verschiedene Berufe, doch in ihrer nationalsozialistischen Treue, ihrer ausländerfeindlichen Einstellung und ihrem Verhalten im Gerichtssaal waren die beiden Angeklagten nahezu identisch.

3.2.2 Ernst Janning

Der Protagonist in „Das Urteil von Nürnberg", Ernst Janning, hebt sich schon zu Beginn des Films durch seine Teilnahmslosigkeit am Prozess von den anderen Angeklagten ab. Die fiktive Filmfigur hat dabei die beiden ehemaligen Staatssekretäre des Reichsjustizministerium Franz Schlegelberger und Curt Rothenberger zum Vorbild.[80]

Betrachtet man Jannings Laufbahn vor Hitlers Machtergreifung, so fällt auf, dass diese nahezu identisch mit der Schlegelbergers ist. Beide absolvierten ihre juristische Ausbildung noch im Kaiserreich[81] und lehrten später selbst das Recht, Schlegelberger sogar als Honorarprofessor an der Universität Berlin.[82] Sie verfassten wichtige rechtswissenschaftliche Werke[83] und arbeiteten beide an der Weimarer Verfassung mit.[84]

Dennoch war Schlegelberger und somit auch der fiktive Janning im Juristenprozess angeklagt. Schlegelberger hatte sich aufgrund seiner Verantwortlichkeit „für die brutalsten

Abb. 7 – Ernst Janning in
„Das Urteil von Nürnberg" Elemente der nationalsozialistischen Strafgesetzgebung" schuldig

---

[74] Muñoz Conde: „Das Urteil von Nürnberg", S.20.
[75] Peschel-Gutzeit: Das Nürnberger Juristenurteil von 1947, S.211.
[76] Muñoz Conde: „Das Urteil von Nürnberg", S.10.
[77] Vgl. Peschel-Gutzeit: Das Nürnberger Juristenurteil von 1947, S.212 – S.220.
[78] Ebd., S.216.
[79] Das Urteil von Nürnberg. Bei ca. 1h 16min.
[80] Vgl. Muñoz Conde: „Das Urteil von Nürnberg", S.9.
[81] Vgl. Peschel-Gutzeit: Das Nürnberger Juristenurteil von 1947, S.16.
[82] Vgl. Muñoz Conde: „Das Urteil von Nürnberg", S.9.
[83] Vgl. Peschel-Gutzeit: Das Nürnberger Juristenurteil von 1947, S.143.
[84] Vgl. Muñoz Conde: „Das Urteil von Nürnberg", S.9.

gemacht.[85] „Seine Unterschrift [...] bürdete dem Justizministerium und den Gerichten die Verfolgung, Verhandlung und Verfügung über die Opfer von Hitlers ‚Nacht-und-Nebel-Erlass'[86] auf."[87] Dadurch nahm Schlegelberger genau wie Rothenberger, Jannings anderes Vorbild, an der rassischen Verfolgung der Juden teil. Curt Rothenberger hatte nämlich an der Abfassung des „Nacht-und-Nebel-Erlasses" 1941 mitgewirkt.[88] Janning selbst wird im Film von Staatsanwalt Lawson für die unzähligen KZ-Opfer verantwortlich gemacht, da seine Unterschrift die Verhaftung politischer Gegner legitimierte.

Ernst Janning sah kein großes Problem darin, dass politische *Abb. 8 – Curt Rothenberger* Außenseiter oder rassische Minderheiten vorübergehend Rechte einbüßten,[89] denn das sollte, so dachte auch Rothenberger, nicht dauerhaft sein. Trotzdem behaupteten beide, dass sie die Konzentrationslager eigentlich als Unrecht erachteten.[90]

Abgesehen von seiner Beteiligung an der Strafgesetzgebung wird Janning im Fall Petersen Mitschuld an der Zwangssterilisation eines politischen Gegners zugeschrieben.[91]

Auch Schlegelberger war an Zwangssterilisationen beteiligt. Anders als Janning hatte er 1942 vorgeschlagen, alle Halbjuden zu sterilisieren.[92] Somit wollte er die Zwangssterilisation „als Mittel zur rassischen Selektion"[93] verwenden.

Obwohl Janning Teil des Naziregimes war sagt er, dass er Hitler hasste,[94] ganz im Gegensatz zu seinen Vorbildern, denn Schlegelberger pflegte kein schlechtes Verhältnis zu Hitler[95] und Rothenberger war schon seit 1933 „aus voller Überzeugung" NSDAP Mitglied.[96]

In seinem Verhalten im Prozess ähnelt Janning wohl noch am ehesten Franz Schlegelberger. Denn diesen wühlte der Prozess so sehr auf, dass ihm die Tränen in die Augen stiegen und er schließlich ausrief, er habe natürlich von allem gewusst.[97] Janning beginnt zwar nicht zu weinen, doch als sein Verteidiger Rolfe einer Zeugin die Tränen in

---

[85] Ebd., S.9f.
[86] „[Der Nacht-und-Nebel-]Erlass erlaubte die geheime Entführung von Personen aus den von deutschen Truppen besetzten Gebieten sowie ihre Verlegung in die Konzentrationslager und die dortige Vernichtung." Muñoz Conde: „Das Urteil von Nürnberg", S.10.
[87] Peschel-Gutzeit: Das Nürnberger Juristenurteil von 1947, S.145.
[88] Vgl. Muñoz Conde: „Das Urteil von Nürnberg", S.10.
[89] Vgl. Das Urteil von Nürnberg.
[90] Vgl. Peschel-Gutzeit: Das Nürnberger Juristenurteil von 1947, S.173.
[91] Vgl. 2.2.1 Die Zwangssterilisation.
[92] Vgl. Muñoz Conde: „Das Urteil von Nürnberg", S.17f.
[93] Ebd. S.17.
[94] Vgl. Das Urteil von Nürnberg.
[95] Vgl. Peschel-Gutzeit: Das Nürnberger Juristenurteil von 1947, S.143.
[96] Ebd., S.164.
[97] Vgl. Klaus Kastner: Der Dolch des Mörders, S.7.

die Augen treibt, bekommt auch Janning einen Gefühlsausbruch und bringt Rolfe zum Schweigen. Anschließend gibt auch er seine Mitwisserschaft zu, ganz im Gegensatz zu Curt Rothenberger, der nicht den Mut hatte zu seinen Taten zu stehen und sich, als im Prozess bedrückendes Beweismaterial ans Licht kam, plötzlich an nichts mehr erinnern konnte.[98]

Als Janning zugibt über die Vorgänge im Dritten Reich Bescheid gewusst zu haben, bekräftigt er auch, dass er seine Schuld an den Verbrechen einsieht. Im Gegensatz zu Schlegelberger und Rothenberger,[99] erkennt er, welche fatalen Folgen es hatte, dass er trotz besseren Wissens zu einem von vielen Mitläufern im Justizsystem wurde.

Janning war also, anders als die anderen Angeklagten, wie Rothenberger eine „Persönlichkeit voller Widersprüche und innerer Konflikte."[100]

Über Schlegelberger heißt es im Urteil: „Seine juristischen Fähigkeiten waren exzellent"[101] und „[e]r liebte das Geistesleben, die Arbeit der Gelehrten. Er verabscheute das Böse, das er tat."[102] Diese Aussage trifft auch auf Janning zu und erklärt, wieso er, genau wie Schlegelberger, für den „letzte[n] anständige[n] Jurist[en] unter Hitler"[103] gehalten wurde.

Ernst Janning unterscheidet sich also in seiner Abneigung gegenüber Hitler von seinen Vorbildern, absolvierte aber die gleiche Ausbildung wie Schlegelberger, macht sich ähnlicher Verbrechen wie Rothenberger und Schlegelberger schuldig und zeichnet sich durch seinen widersprüchlichen Charakter genau wie seine Vorbilder aus.

---

[98] Vgl. Schott: Curt Rothenberger, S.187.
[99] Vgl. Klaus Kastner: Der Dolch des Mörders, S.7.
[100] Peschel-Gutzeit: Das Nürnberger Juristenurteil von 1947, S.22.
[101] Klaus Kastner: Der Dolch des Mörders, S.16.
[102] Ebd., S.147.
[103] Ebd., S.4.

4. Fazit

Die Nürnberger Prozesse waren ein wegweisendes Ereignis in der Geschichte. Ihre Folgen wie beispielsweise die Entstehung eines internationalen Gerichtshofs in Den Haag sind bis heute von großer Bedeutung. Deshalb ist es notwendig filmische Darstellungen der Nürnberger Prozesse, wie „Das Urteil von Nürnberg", auf ihre historische Korrekt zu überprüfen.

Die amerikanische Nationalität und der jüdische Glaube des Regisseurs Stanley Kramer in Verbindung mit der zeitnahen Verfilmung der Prozesse hätte zu einer sehr subjektiven Darstellung der Ereignisse in „Das Urteil von Nürnberg" führen können, doch Kramer verzichtete in seinem Film auf klassische Schwarzweißmalerei, sprach Tabuthemen wie Nagasaki an und wendete sich damit von der amerikanischen Weltsicht ab. Indem er die Ereignisse in Frage stellte anstatt sich von persönlichen Emotionen zu leiten und nahm er eine objektive Perspektive ein.

Nichtsdestotrotz enthält „Das Urteil von Nürnberg" genretypische Klischees des Hollywood-Courtroom-Dramas. So weist der Film beispielsweise Parallelen zu Detektivfilmen auf und fügt dadurch historisch unkorrekte Ereignisse in die Handlung ein. Diese dienen allerdings nur zur Unterhaltung, verändern jedoch nicht die allgemeine Darstellung des Juristenprozesses.

„Das Urteil von Nürnberg" stellt zudem eine Modifikation des eigentlichen Geschehens während der Nürnberger Prozesse dar. „Der Film bewegt sich [dabei] zwischen Realität und Fiktion", so geben beispielsweise die Angeklagten im Film ein gutes Bild der reellen Angeklagten ab, auch wenn sie an diese nur angelehnt sind. Die Anklagepunkte dagegen werden nur teilweise wahrheitsgetreu dargestellt. So wird beispielsweise der Fall Katzenberger nur sehr oberflächlich behandelt und dennoch vermittelt „Das Urteil von Nürnberg" auch einen tiefen Einblick in die Komplexität der Nürnberger Prozesse, indem zum Beispiel die Thematik der Siegerjustiz angesprochen wird.

Insgesamt kann also festgestellt werden, dass Stanley Kramers Werk durchaus Fehldarstellungen enthält, diese aber nicht besonders gravierend sind. Somit werden die historischen Ereignisse in „Das Urteil von Nürnberg" also alles in allem akkurat dargestellt, weshalb der Film trotz künstlich erzeugter Spannung als gute Quelle über den Juristenprozess zu beurteilen ist.

5.Quellen

5.1 Literatur- und Quellenverzeichnis

International criminal law society: Londoner Viermächte-Abkommen vom 8.August 1945. Auf: http://www.icls.de/dokumente/imt_londoner_abkommen.pdf (abgerufen am 06.09.2018).

Prof. Dr. Kastner, Klaus: „Der Dolch des Mörders war unter der Robe des Juristen verborgen.". Der Nürnberger Juristen-Prozess 1947. Neuwied 1997. Auf: https://www.justiz.bayern.de/media/images/behoerden-und-gerichte/oberlandesgerichte/NuernbergerProzess/kastner_dolch_des_mörders.pdf. (abgerufen am 24.05.2018).

Kreuter, Jens: Staatskriminalität und die Grenzen des Strafrechts. Reaktionen auf Verbrechen aus Gehorsam aus rechtsethischer Sicht. Öffentliche Theologie (=Band 9). Gütersloh 1997.

Landeszentrale für politische Bildung Baden-Württemberg: Die Nürnberger Prozesse. Auf: https://www.lpb-bw.de/nuernberger_prozesse.html (abgerufen am 31.05.2018).

Lecturio GmbH: Völkerstrafrecht – Die Verbrechen gegen die Menschlichkeit. Auf: https://www.lecturio.de/magazin/verbrechen-gegen-die-menschlichkeit/ (abgerufen am 06.09.2018).

Machura, Stefan und Ulbrich, Stefan: „Recht im Film". Auf: https://www.rechtssoziologie.info/literatur/texte/recht_im_film.pdf/view (abgerufen am 06.09.2018).

Muñoz Conde, Francisco und Muñoz Aunión, Marta: „Das Urteil von Nürnberg". Juristischer und filmwissenschaftlicher Kommentar zum Film von Stanley Kramer (1961). Juristische Zeitgeschichte; Abteilung 6, Recht in der Kunst – Kunst im Recht, Band 21. Berlin 2006.

Oberndörfer, Ralf (Hrsg.): HISTOX – Institut für Geschichtsarbeit. Verordnung gegen Volksschädlinge 5. September 1939. Auf: http://histox.de/wp-content/files/1939-09-05_Verordnung_gegen_Volksschdlinge.pdf. (abgerufen am 07.09.2018).

Peschel-Gutzeit, Lore Maria: Das Nürnberger Juristen-Urteil von 1947. Historischer Zusammenhang und aktuelle Bezüge. Baden-Baden 1996.

Schott, Susanne: Curt Rothenberger – eine politische Biographie. Halle 2001. Auf: http://sundoc.bibliothek.uni-halle.de/diss-online/01/01H124/prom.pdf. (abgerufen am 31.05.2018).

Wassermann, Rudolf: Fall 3. Der Nürnberger Juristenprozess, in Blasius, Rainer A. und Ueberschär, Gerd R.: Der Nationalsozialismus vor Gericht. Die alliierten Prozesse gegen Kriegsverbrecher und Soldaten. Frankfurt am Main 2000.

Wiederschein, Harald: Alliierte richten über Nazi-Verbrecher. 139 Zeugen und 12 Todesurteile: Die Nürnberger Prozesse waren beispiellos. Auf: https://www.focus.de/wissen/mensch/geschichte/nationalsozialismus/alliierte-richten-ueber-nazi-verbrecher-nuernberger-prozesse-so-richteten-die-alliierten-ueber-die-naziverbrecher_id_5094554.html (abgerufen am 05.09.2018).

Wikimedia commons: Reichsgesetzblatt. Auf: https://upload.wikimedia.org/wikipedia/commons/b/b9/Reichsgesetzblatt_25_Juli_1933.jpg (abgerufen am 02.09.2018).